Melhores Receitas
DONA BENTA

Melhores Receitas
DONA BENTA

© 2015, Companhia Editora Nacional
Todos os direitos reservados

Diretor superintendente: Jorge Yunes
Diretora adjunta editorial: Soraia Reis
Editora: Anita Deak
Assistência editorial: Rafael Fulanetti
Revisão: Juliana Alexandrino
Coordenação de arte: Márcia Matos
Assistência em arte: Aline Hessel dos Santos

CIP-BRASIL. CATALOGAÇÃO NA PUBLICAÇÃO
SINDICATO NACIONAL DOS EDITORES DE LIVROS, RJ

D725

    Dona Benta
        Melhores receitas / Dona Benta. - 1 ed. - São Paulo:
    Companhia Editora Nacional, 2015.
    64 p.: il.; 27cm.

    ISBN 978-85-04-01976-6

    1. Gastronomia. 2. Culinária - receitas.

15-26381   CDD: 641.5
                          CDU: 641.5

14/09/2015 14/09/2015

1ª edição – São Paulo – 2015

Rua Funchal, 263 – bloco 2 – Vila Olímpia
São Paulo – SP – 04551-060 – Brasil – Tel.: (11) 2799-7799
www.editoranacional.com.br – comercial@ibep-nacional.com.br

Querida e querido,

Algumas receitas foram criadas para os melhores momentos da vida. E quando digo melhores momentos, não estou falando só de ocasiões festivas. Quando você recebe a família para almoçar, os amigos para uma reunião íntima, ou prepara um jantar romântico na sexta-feira, esses são os melhores momentos. E eles merecem o que há de mais especial em sabor, não é?

É para isso que este livro existe. Essas são minhas melhores receitas, que faço com gosto e carinho para os meus netos e as pessoas queridas. São entradas, pratos principais e sobremesas que vão perfumar a sua casa e dar água na boca. São as receitas que criei para você sorrir enquanto come.

Bom apetite!!!
Dona Benta

Sumário

Entradas

Berinjelas à parmiggiana — 11
Bolinhos de mandioca — 12
Carpaccio — 15
Casquinha de siri — 16
Fritada espanhola de batata — 19

Pratos principais

Costelinhas de porco agridoces — 23
Espaguete à carbonara — 24
Frango ao alho e óleo — 27
Moqueca de peixe — 28
Picanha ao forno — 31
Lasanha — 32
Rabada ao vinho tinto — 35
Bacalhau à moda de Nice — 36
Bobó de camarão — 39
Frango ao curry asiático — 40
Macarrão à bolonhesa — 43
Lombo de panela — 44
Pato assado — 47
Peru à brasileira — 48
Tênder à Califórnia — 51

Sobremesas

Bolo de nozes — 55
Bolo de morango — 56
Brownie — 59
Sorvete de limão — 60
Pudim italiano — 63

Berinjelas à Parmiggiana

Ingredientes

- 3 berinjelas médias
- Óleo
- Farinha de trigo
- 2 xícaras (chá) de molho de tomate
- 3 colheres (sopa) de parmesão ralado
- Sal

Modo de fazer

1 Aqueça o óleo em uma panela.

2 Corte as berinjelas em fatias de ½ cm. Passe as fatias na farinha de trigo e retire o excesso. Frite aos poucos em óleo quente. Escorra em papel absorvente. Salpique um pouco de sal.

3 Coloque um pouco do molho de tomate no fundo de um refratário, cubra com fatias de berinjela frita e espalhe mais um pouco de molho, alternando até terminar os ingredientes. Finalize com o molho. Salpique o parmesão e leve ao forno preaquecido para dourar o queijo.

Nota: Você pode cobrir a preparação com mozarela fatiada e levar ao forno para que derreta bem.

Bolinhos de Mandioca

Ingredientes

- 2 xícaras (chá) de mandioca cozida
- 1 colher (sopa) de cebola
- 1 colher (sopa) de salsa picada
- 2 ovos
- 2 colheres (sopa) de queijo ralado
- 1 colher (chá) de fermento em pó
- 1 xícara (chá) de óleo
- 1 colher (chá) de sal
- 1 pitada de pimenta-do-reino

Modo de fazer

1 Triture a mandioca ou amasse-a com o garfo.

2 Junte a cebola, a salsa, os ovos, o queijo, o fermento, o sal e a pimenta-do-reino. Misture tudo muito bem.

3 Leve o óleo ao fogo numa frigideira e, quando estiver quente, frite a massa com o auxílio de duas colheres de sobremesa. Deixe dourar os bolinhos por igual. Retire-os com uma escumadeira, escorra o óleo e coloque-os sobre papel absorvente.

4 Sirva como acompanhamento de arroz, feijão e bife, ou pratos simples.

Carpaccio

Ingredientes

- 24 fatias de carpaccio pronto
- 4 colheres (sopa) de parmesão ralado grosso
- 6 colheres (sopa) de molho

Molho:
- 1/3 de xícara (chá) de azeite
- 2 colheres (sopa) de suco de limão
- ½ colher (chá) de mostarda
- 1 colher (chá) de alcaparras picadas
- 1 colher (chá) de salsinha picada
- ½ colher (chá) de molho inglês
- Sal e pimenta-do-reino

Modo de fazer

1 Prepare o molho, misturando todos os ingredientes em um vidro com tampa. Feche e agite fortemente para incorporar. Reserve.

2 Arrume 6 fatias de carpaccio em cada prato, sobrepondo-as levemente e formando um círculo. Distribua o molho pelos pratos, espalhando-o com as costas de uma colher. Salpique o queijo ralado grosso em cada porção.

3 Sirva imediatamente com torradas.

Nota: O carpaccio é preparado com lagarto bovino, limpo e congelado inteiro. Ainda congelado, é cortado em fatias finíssimas (quase transparentes) em um cortador de frios. A carne é servida crua. Atualmente, pode-se encontrar carpaccio pré-fatiado na maioria dos grandes supermercados.

Casquinha de Siri

Ingredientes

- 1 kg de carne de siri
- 150 g de manteiga ou margarina
- 300 g de cebolas raladas
- 4 dentes de alho esmagados
- ½ kg de tomates sem pele e sem sementes
- 4 pimentões verdes picados finamente
- 150 g de azeitonas sem caroços picadas finamente
- 150 g de queijo mineiro ralado
- 3 pimentas-malagueta esmagadas
- ½ pão de fôrma
- ½ litro de leite
- 1 lata de creme de leite sem soro
- 150 g de farinha de rosca ou queijo ralado
- Sal

Modo de fazer

1 Numa panela, coloque a manteiga, as cebolas, o alho esmagado e a carne de siri. Deixe-os fritar em fogo baixo durante 20 minutos.

2 Junte os tomates batidos no liquidificador e deixe-os cozinhar por 15 minutos ou até que estejam bem incorporados à carne de siri.

3 Acrescente os pimentões, as azeitonas picadas, o queijo ralado e as pimentas, mantendo o fogo sempre baixo e mexendo de vez em quando para não grudar.

4 Enquanto isso, ponha o pão de fôrma de molho no leite por 10 minutos e, depois, bata-o no liquidificador por 3 minutos, em velocidade média.

5 Junte o pão ao refogado da panela e deixe engrossar (cerca de 5 minutos), mexendo sempre para não grudar.

6 Quando a mistura estiver bem densa, acrescente o creme de leite sem soro, mexa bem e deixe-a no fogo por mais 3 minutos.

7 Retire do fogo.

8 Encha as casquinhas de siri com o creme, espalhando-o com uma colher, e pulverize com a farinha de rosca ou o queijo ralado.

9 Antes de servir, gratine no forno preaquecido a 170 °C durante 10 minutos.

10 Leve à mesa ainda quente.

Fritada Espanhola de batata

Ingredientes

- 1 kg de batatas
- ½ xícara (chá) de azeite
- 2 cebolas graúdas fatiadas finamente
- 6 ovos
- Sal e pimenta-do-reino

Modo de fazer

1 Descasque as batatas e corte-as em fatias finas; tempere com sal e pimenta-do-reino. Aqueça ¼ de xícara (chá) de azeite em uma frigideira antiaderente, coloque as batatas e deixe-as em fogo médio até que estejam douradas e crocantes.

2 Em outra frigideira, doure lentamente as cebolas em 3 colheres (sopa) de azeite. Tempere com o sal e a pimenta-do-reino e reserve.

3 Em uma tigela, bata os ovos e tempere com sal e pimenta-do-reino. Acrescente as cebolas reservadas. Escorra as batatas com uma escumadeira e misture-as delicadamente aos ovos.

4 Limpe a frigideira antiaderente e acrescente 3 colheres (sopa) de azeite. Junte a mistura de batatas, ovos e cebola e cozinhe em fogo baixo para dourar a parte inferior (cerca de 10 minutos). Deslize a fritada sobre um prato maior que a frigideira. Depois cubra a receita com a frigideira e vire como se fosse uma omelete. Deixe dourar novamente por cerca de 5 minutos. Sirva morna, como entrada, ou acompanhada de salada.

Costelinhas de Porco Agridoces

Ingredientes

- 2 kg de costelinhas de porco
- 1 colher (sopa) de óleo
- 1 cebola pequena picada
- ½ xícara (chá) de açúcar mascavo
- ½ xícara (chá) de vinagre
- 2 colheres (sopa) de molho inglês
- 1 e ½ xícara (chá) de *ketchup*
- 1 xícara (chá) de água
- ½ colher (chá) de cominho em pó
- 1 colher (sopa) de páprica suave
- Sal e pimenta-do-reino

Modo de fazer

1   Prepare o molho, refogando a cebola no óleo até ficar bem macia. Acrescente o açúcar mascavo, misturando-o até dissolvê-lo, o vinagre e o molho inglês. Adicione o ketchup, o cominho e a páprica. Junte a água e cozinhe por 10 minutos ou até o molho engrossar. Tempere com o sal e a pimenta-do-reino, coe e reserve.

2   Coloque as costelinhas em uma assadeira e tempere com o sal e a pimenta-do-reino. Cubra-as com papel-alumínio e leve ao forno por 20 minutos. Retire as costelinhas do forno, elimine o papel-alumínio e pincele com o molho. Aumente a temperatura do forno e asse as costelinhas por mais 10 minutos. Pincele novamente a carne e asse por mais 10 minutos. Repita mais duas vezes essa operação. Sirva com o molho à parte.

Espaguete à Carbonara

Ingredientes

- 400 g de massa tipo espaguete
- 150 g de bacon
- 2 colheres (sopa) de azeite
- 1 colher (sopa) de cebola picada
- 5 ovos
- ¼ de xícara (chá) de creme de leite
- 4 colheres (sopa) de parmesão
- Sal e pimenta-do-reino

Modo de fazer

1 Encha uma tigela com água fervente para que a tigela fique aquecida. Corte o bacon em cubos de 1 cm. Coloque água abundante para ferver e salgue-a levemente.

2 Em uma frigideira, coloque os cubos de *bacon* com o azeite, leve ao fogo baixo e frite até que os cubos estejam dourados; adicione a cebola picada e refogue. Apague o fogo e reserve. Coloque a massa para cozinhar.

3 Escorra a água quente da tigela e coloque nela os ovos, batendo-os levemente. Acrescente o creme de leite, o sal, a pimenta-do-reino, o refogado de *bacon* e cebolas, o parmesão e misture bem.

4 Quando a massa estiver ao ponto, escorra e despeje diretamente na tigela com os ovos. Misture rapidamente e sirva.

Frango ao Alho e Óleo

Ingredientes

- 1 kg de frango em pedaços
- 2 dentes de alho socados
- 4 dentes grandes de alho fatiados finamente
- 1 cebola picada
- Suco de limão
- Óleo
- 1 colher (sopa) de salsa picada
- Sal

Modo de fazer

1 Tempere os pedaços de frango com o sal, o alho socado, a cebola picada e o suco de limão.

2 Deixe o frango descansar no tempero por mais ou menos 30 minutos e, então, ponha-o para escorrer.

3 Meia hora antes de servir, frite-o em óleo fervente até que fique dourado. Mexa-o de vez em quando para que todos os pedaços dourem por igual.

4 Terminada a fritura, junte os 4 dentes de alho fatiados ao óleo quente e deixe fritar mais um pouco, até que os pedaços de frango e as rodelas de alho fiquem dourados. Escorra bem e coloque-os em uma travessa.

5 Sirva bem quente, com a salsinha salpicada.

Moqueca de Peixe

Ingredientes

- 2 kg de namorado em postas largas
- Suco de 2 limões
- 1 dente de alho socado
- 1 cebola graúda picada
- ½ xícara (chá) de azeite-de-dendê
- Cebolinha e coentro picados
- Cheiro-verde picado
- 1 pimentão em rodelas
- 5 tomates sem pele e sem sementes picados
- 1 colher (chá) de gengibre ralado
- 5 pimentas-malagueta picadas
- 150 g de camarões secos
- 2 xícaras (chá) de leite de coco
- Sal

Modo de fazer

1 Tempere as postas do peixe com o suco de limão, o sal e o alho socado. Deixe-as no tempero por 30 minutos.

2 Numa panela com metade do azeite-de-dendê, refogue a cebola, o cheiro-verde, a cebolinha, o coentro, o pimentão, os tomates, o gengibre e as pimentas-malagueta até formar um molho.

3 Acrescente o peixe e os camarões e deixe refogar, em fogo baixo, até cozinhar o peixe. Acerte o ponto do sal.

4 Assim que o peixe estiver cozido, adicione o leite de coco e o restante do azeite-de-dendê.

5 Sirva com arroz.

Picanha ao Forno

Ingredientes

- 1 picanha
- 2 dentes de alho picados
- 1 colher (sopa) de alecrim picado
- 4 colheres (sopa) de azeite
- 2 colheres (sopa) de vinho branco seco
- 1 kg de sal grosso
- Pimenta-do-reino a gosto

Modo de fazer

1 Em um recipiente, misture o alho picado, a pimenta-do-reino, o alecrim, o azeite e o vinho. Espalhe esse tempero sobre a picanha e deixe marinar por uma hora.

2 Aqueça o forno na temperatura máxima. Despeje o sal grosso em uma assadeira, forrando-a completamente, e coloque a picanha sobre o sal, com o lado da gordura para cima.

3 Asse por 30 minutos.

4 Vire a picanha, colocando o lado da gordura para baixo.

5 Asse por mais 20 minutos. Retire do forno e espere 5 minutos para fatiar a carne.

6 Fatie finamente. Sirva com farofa, arroz e molho vinagrete.

LASANHA

Ingredientes

- ½ kg de massa para lasanha
- ½ kg de mozarela em fatias
- ¼ de xícara (chá) de parmesão ralado
- Noz-moscada (opcional)

Molho à bolonhesa:
- 4 colheres (sopa) de óleo
- 500 g de carne moída (coxão mole ou patinho)
- 1 colher (sopa) de massa ou purê de tomate
- 2 cubos de caldo de carne
- 1 e ½ xícara (chá) de água fervente

Molho branco:
- 2 colheres (sopa) de manteiga ou margarina
- 3 colheres (sopa) de farinha de trigo
- 3 xícaras (chá) de leite fervente
- ½ colher (chá) de sal

Modo de fazer

Molho à bolonhesa:
1 Leve o óleo ao fogo e, quando estiver quente, despeje a carne moída. Frite para que doure bem. Adicione a massa ou o purê de tomate e refogue por mais alguns minutos.

2 Dissolva os cubos de caldo de carne na água fervente e acrescente à panela. Cozinhe em fogo baixo por cerca de 10 minutos.

Molho branco:
1 Coloque a manteiga ou margarina numa caçarola e leve ao fogo. Assim que derreter, polvilhe a farinha de trigo e deixe cozinhar, misturando até começar a dourar.

2 Acrescente o leite aos poucos, mexendo bem após cada adição.

3 Tempere com sal e deixe ferver por mais alguns minutos.

Nota: Para um molho mais espesso, basta cozinhar por mais alguns minutos. Para um molho mais ralo, adicione mais leite.

Montagem:
1 Prepare o molho à bolonhesa e deixe esfriar. Reserve. Prepare o molho branco e reserve.

2 Cozinhe a lasanha aos poucos, em água fervente. Escorra e coloque ime-

diatamente a massa em uma tigela com água gelada. Escorra novamente e vá colocando-a espalhada uma ao lado da outra sobre um pano limpo.

3 Unte um refratário com a manteiga ou margarina e coloque uma camada de lasanha, uma de molho à bolonhesa, outra de lasanha, uma de molho branco (acrescente noz-moscada, caso goste) e uma de mozarela. Repita a operação, terminando com uma camada de molho branco. Salpique o parmesão e leve ao forno por mais ou menos 30 minutos.

4 Sirva em um refratário.

Nota: A massa para lasanha pode ser preparada a partir da receita de massa clássica para macarrão. Abra com um rolo ou cilindro e corte retângulos de 10 x 20 cm.

Rabada ao Vinho Tinto

Ingredientes

- 1 rabo bovino
- Cheiro-verde
- ¼ de xícara (chá) de óleo
- 1 cebola graúda fatiada
- 8 tomates sem pele, ou purê de tomate
- 1 ou 2 conchas de água
- ½ copo de vinho tinto
- Sal e pimenta-do-reino
- Pimenta-verde (opcional)

Modo de fazer

1 Corte o rabo pelos nós e cozinhe-o na panela de pressão com um pouco de sal e um maço de cheiro-verde até a carne ficar bem macia.

2 Em óleo, refogue as rodelas de cebola, os tomates ou o purê de tomate, a pimenta-do-reino e, caso goste, a pimenta-verde.

3 Junte a rabada ao refogado e acrescente o vinho tinto. Ferva e adicione uma ou 2 conchas de água. Deixe ferver novamente, em fogo baixo, até que a carne esteja macia.

4 Deixe engrossar o molho, acerte o ponto do sal e da pimenta e sirva bem quente.

Bacalhau à Moda de Nice

Ingredientes

- 500 g de bacalhau dessalgado
- 4 colheres (sopa) de azeite
- 1 cebola grande fatiada
- 1 dente de alho picado
- 8 tomates sem pele e sem sementes
- 2 colheres (sopa) de salsa picada
- 1 pitada de açafrão em pó
- ½ colher (chá) de páprica
- 8 batatas descascadas
- 100 g de azeitonas pretas sem caroço
- Sal

Modo de fazer

1 Corte o bacalhau (que ficou de molho para eliminar o sal) em pedaços, coloque-os numa caçarola, cubra-os com água fria e ferva em fogo baixo por 10 minutos.

2 Em outra panela, preferivelmente de barro, aqueça o azeite, junte a cebola fatiada e, assim que estiver dourada, acrescente os tomates, a salsa picada, o dente de alho e o sal. Adicione o açafrão e a páprica.

3 Tampe a caçarola e deixe cozinhar lentamente, em fogo brando, por 10 ou 12 minutos.

4 Corte as batatas em rodelas finas e coloque-as no refogado. Acrescente água quente suficiente para cobrir a receita.

5 Deixe cozinhar devagar e, assim que as batatas estiverem cozidas, coloque sobre elas os pedaços de bacalhau e as azeitonas.

6 Tampe a caçarola e cozinhe em fogo brando por mais 10 minutos.

7 Sirva na própria panela, envolvida em um pano de prato.

Bobó de Camarão

Ingredientes

- 1 kg de camarões frescos
- ¼ de xícara (chá) de suco de limão
- 1 cebola grande ralada
- 3 dentes de alho socados
- 1 e ½ kg de aipim (mandioca)
- ½ xícara (chá) de azeite de oliva
- ½ kg de tomates sem pele e sem sementes
- 1 pimentão vermelho cortado em rodelas
- 1 colher (chá) de coentro picado
- 1 xícara (chá) de azeite-de-dendê
- 2 xícaras (chá) de leite de coco
- 2 pimentas-malagueta socadas
- 1 colher (sobremesa) de sal

Molho:
- 1 tomate graúdo cortado em quadradinhos
- 1 pimentão verde cortado em quadradinhos
- 1 cebola cortada em quadradinhos
- 2 colheres (sopa) de suco de limão
- 2 colheres (sopa) de azeite
- 1 colher (sopa) de vinagre
- 2 pimentas-malagueta picadas
- Sal a gosto
- Coentro picado (opcional)

Modo de fazer

Molho:

1 Misture bem todos os ingredientes e, caso goste, acrescente um pouco de coentro picado.

2 Coloque em uma molheira e sirva acompanhando o bobó.

Bobó:

1 Descasque os camarões. Limpe-os, tirando as tripas e lave-os.

2 Tempere-os com o suco de limão, um dente de alho e sal. Reserve.

3 Descasque e corte o aipim em quadrados, retirando a fibra do meio.

4 Leve ao fogo um caldeirão com a metade do azeite de oliva e a cebola.

5 Deixe dourar. Adicione a metade dos tomates, os outros 2 dentes de alho socados, o sal e o pimentão. Refogue até os tomates desmancharem.

6 Junte o aipim, coloque água até cobrir tudo, tampe e deixe cozinhar.

7 Quando o aipim estiver cozido, adicione um copo de água fria, diminua o fogo e deixe cozinhar até que desmanche.

8 Refogue separadamente os camarões com o resto dos temperos e o coentro.

9 Adicione os camarões ao aipim, acrescente o dendê, a pimenta e o leite de coco; ferva um pouco mais.

10 Sirva com arroz branco e o molho.

Frango ao Curry Asiático

Ingredientes

- 500 g de peito de frango
- 1 cebola pequena
- 2 dentes de alho
- 1 pimenta-dedo-de-moça pequena
- 1 colher (chá) de açúcar mascavo
- 2 colheres (sopa) de suco de limão
- 1 colher (sopa) de cúrcuma
- 1 colher (sopa) de gengibre ralado
- 2 colheres (sopa) de óleo
- 1 xícara (chá) de caldo de frango
- 1 xícara (chá) de leite de coco
- Folhas de coentro e manjericão a gosto
- Sal e pimenta-do-reino

Modo de fazer

1 Soque em um pilão ou coloque em um processador o alho, a pimenta, sem sementes, o açúcar, o limão, a cúrcuma, a cebola e o gengibre. Até obter uma pasta. Reserve.

2 Corte os peitos de frango em tiras, temperando-as com sal e pimenta-do-reino.

3 Em uma frigideira aqueça o óleo e adicione a pasta preparada. Refogue até que a pasta fique macia e adicione os pedaços de frango. Misture bem e cozinhe por 5 minutos. Tempere com sal e regue com o caldo de frango. Ferva por 10 minutos em fogo baixo e adicione o leite de coco. Cozinhe por mais 5 minutos e acerte o ponto do sal.

4 Coloque-os em uma travessa e salpique folhas de coentro e de manjericão.

5 Sirva com arroz branco.

Macarrão à Bolonhesa

Ingredientes

- 1 receita de molho à bolonhesa (pág. 32)
- 500 g de massa tipo espaguete ou outra
- Óleo
- 4 colheres (sopa) de parmesão ralado
- Sal

Modo de fazer

1 Prepare o molho conforme a receita.

2 Coloque 4 litros de água para ferver em um caldeirão e adicione 2 colheres (sopa) de sal e um fio de óleo. Cozinhe a massa na água fervente.

3 Aqueça bem o molho. Escorra a massa e adicione ao molho. Misture bem e coloque-a em uma travessa.

4 Salpique o parmesão ralado e sirva.

Lombo de Panela

Ingredientes

- 1 kg de lombo de porco
- 1 cebola média picada
- 3 dentes de alho espremidos
- 1 maço de cheiro-verde
- 1 folha de louro
- 1 colher (chá) de colorau
- 1 colher (chá) de molho de pimenta
- 2 xícaras (chá) de vinho branco seco
- 1 xícara (chá) de óleo
- Sal a gosto

Modo de fazer

1 Tempere o lombo com todos os ingredientes, exceto o óleo. Deixe marinar por 2 horas.

2 Reserve os temperos e coloque o lombo e o óleo em uma panela. Esquente bem e doure o lombo, virando-o para que tome cor por igual.

3 Acrescente os temperos reservados. Tampe a panela e deixe cozinhar em fogo médio, mexendo-o e virando-o de vez em quando. A carne deverá ficar bem corada e o molho, espesso.

4 Depois de assado, corte o lombo em fatias e remonte-o na travessa. Mantenha-o aquecido.

5 Retire o excesso de gordura do molho que ficou na panela. Elimine o cheiro-verde e a folha de louro.

6 Adicione ao molho ½ xícara (chá) de água e leve-o ao fogo para ferver até que todos os temperos se desprendam do fundo. O molho ficará com cor de ferrugem.

7 Coloque o molho obtido sobre o lombo ou, se preferir, coe-o e sirva-o em uma molheira.

8 Guarneça o lombo com batatas coradas, arroz ou farofa.

Pato Assado

Ingredientes

- 1 pato
- 1 cebola picada
- 2 dentes de alho socados
- 1 maço de cheiro-verde
- 4 colheres (sopa) de óleo
- ¼ de xícara (chá) de manteiga ou margarina
- Água para cozinhar o pato
- Sal e pimenta-do-reino

Modo de fazer

1 Tempere o pato com o sal, o alho socado, a pimenta-do-reino, o cheiro-verde sem picar e a cebola picada. Deixe marinando por 12 horas.

2 Na hora de cozinhar, ponha-o numa panela de pressão com o óleo e deixe-o fritar em fogo alto até ficar bem corado.

3 Diminua o fogo, junte um pouco de água, tampe a panela e deixe-o cozinhar até ficar bem macio.

4 Retire o pato da panela e besunte-o com manteiga ou margarina.

5 Em seguida, coloque-o numa assadeira, regue-o com o molho em que foi cozido e leve-o ao forno para terminar de assar.

6 Sirva com o próprio molho.

Peru à Brasileira

Ingredientes

- 1 peru limpo
- 3 xícaras (chá) de vinho branco
- ½ xícara (chá) de vinagre
- 2 cebolas graúdas picadas
- 5 dentes de alho
- 1 cenoura picada
- 4 folhas de louro
- 10 talos de salsa lisa
- 6 cebolinhas-verdes
- 1 ramo de manjerona
- 1 ramo de manjericão
- Fatias de toucinho
- Sal e pimenta-do-reino

Recheio:
- Moela e fígado do peru
- 4 colheres (sopa) de manteiga ou margarina
- 1 cebola graúda picada
- 4 tomates sem pele picados
- 200 g de presunto picado
- 24 azeitonas grandes sem caroço em rodelas
- 1 kg, aproximadamente, de farinha de mandioca
- 4 colheres (sopa) de salsa picada
- 2 ovos cozidos e picados

Modo de fazer

1   Remova a embalagem com os miúdos.

2   Lave a ave em água corrente.

3   Faça um corte junto da mitra, enfie as pernas do peru, dobre suas asas para trás e coloque-o em uma vasilha grande ou em uma bacia de cozinha.

4   Numa tigela grande, misture o vinho branco, o vinagre, o sal socado com os dentes de alho, as cebolas picadas, a cenoura picada, as folhas de louro, os talos de salsa, as cebolinhas-verdes, a manjerona, o manjericão e a pimenta-do-reino. Reserve.

5   Fure o peru por dentro e por fora, no peito, nas pernas e nas costas, com a ajuda de um garfo. Despeje a marinada reservada sobre o peru, esfregando-o muito bem com os cheiros.

6   Ponha um pouco do molho no interior do peru.

7   Deixe o peru marinando por 12 horas.

8   De vez em quando, vire-o no molho, deixando o peito para baixo durante a noite toda.

9   Cozinhe a moela, o fígado e o coração do peru até que fiquem bem macios.

10   Parta-os em pedacinhos e, em uma

panela, refogue-os com a manteiga ou margarina, a cebola picada finamente e os tomates.

11 Depois de refogado, acrescente o presunto picado, as azeitonas e a farinha de mandioca, obtendo uma farofa úmida.

12 Retire-a do fogo, prove o sal e acrescente a salsa picada e os pedaços dos ovos cozidos. Misture bem e reserve. Utilize para rechear o peru, conforme indicado na receita.

13 Retire o peru do molho e leve-o para uma superfície de mármore ou recoloque-o em uma travessa grande.

14 Com um guardanapo, enxugue-o por dentro e por fora.

15 Em seguida, encha a cavidade com o recheio, apertando bem e costurando a pele com linha grossa ou amarrando-a bem forte.

16 Limpe o peru com um guardanapo seco, besunte-o com manteiga ou margarina e ponha-o em uma assadeira grande e funda com um pouco de óleo.

17 Cubra o peito do peru com fatias de toucinho defumado e toucinho fresco, prendendo-as com palitos.

18 Por fim, envolva o peru com uma folha de papel-alumínio. Coloque um pouco de óleo em cima do papel e despeje na assadeira todo o molho que ficou na vasilha ou bacia em que descansou o peru. Leve para o forno preaquecido.

19 Levantando o papel, regue o peru de vez em quando com o molho, que deve estar fervendo na assadeira. Vez ou outra, antes de regá-lo, fure-lhe o peito e as pernas com um garfo.

20 Quando o peru estiver macio, retire o papel e termine de assar para que doure bem.

21 Depois de dourado, retire o peru do forno e deixe-o esfriar um pouco antes de cortá-lo.

Tênder à Califórnia

Ingredientes

- 1 tênder de 3 kg cozido
- Cravos-da-índia
- 100 g de manteiga ou margarina
- ½ copo de suco ou calda de abacaxi
- ½ copo de suco de laranja
- 1 lata (1 kg) de pêssego em calda
- 1 lata (1 kg) de abacaxi em calda
- ½ lata (½ kg) de ameixa em calda
- ½ lata (½ kg) de figo em calda
- 1 vidro (pequeno) de cereja em calda
- Óleo (opcional)

Modo de fazer

1 Corte a parte superior do tênder em losangos superficiais de 2,5 cm e espete um cravo-da-índia em cada losango.

2 Ponha o tênder em uma assadeira untada com manteiga ou óleo.

3 Regue-o com o suco ou a calda de abacaxi e o suco de laranja. Espalhe a manteiga ou margarina, em pedacinhos, sobre ele.

4 Asse o tênder durante uma hora em forno com temperatura moderada ou até ficar corado.

5 Coloque-o na travessa em que o vai servir, decorando o osso com papel-alumínio.

6 Guarneça com as frutas previamente escorridas da calda. Se quiser, corte os figos e as rodelas de abacaxi ao meio.

Sobremesas

Bolo de Nozes

Ingredientes

Massa:
- 2 xícaras (chá) de nozes moídas
- 1 xícara (chá) de manteiga
- 1 xícara (chá) de açúcar
- 1 xícara (chá) de leite
- 3 xícaras (chá) de farinha de trigo
- 6 claras
- 2 colheres (chá) de fermento em pó

Glacê:
- 2 xícaras (chá) de açúcar
- ¾ de xícara (chá) de leite
- 300 g de chocolate ralado
- 2 colheres (sopa) de manteiga derretida
- 1 colher (chá) de essência de baunilha

Modo de fazer

1 Bata bem a manteiga e o açúcar e adicione o leite, alternando com um pouco de farinha de trigo. Junte as claras batidas em neve. Adicione o fermento e as nozes moídas, batendo tudo até que a massa faça bolhas.

2 Leve para assar em fôrma untada com manteiga.

3 Para o glacê, ferva o leite com o açúcar e o chocolate, até ficar em ponto de bala mole. Retire do fogo e junte a manteiga e a baunilha; bata até ficar morno.

4 Corte o bolo ao meio e una as duas partes com o glacê. Cubra o bolo com o glacê restante.

Bolo de Morango

Ingredientes

- ½ kg de morangos
- 2 xícaras (chá) de farinha de trigo
- 2 colheres (sopa) de açúcar
- 1 colher (sopa) de fermento em pó
- ½ colher (café) de sal
- 2 colheres (sopa) de manteiga ou margarina
- ¾ de xícara (chá) de leite
- Açúcar a gosto

Creme *Chantilly*:
- ½ litro de creme de leite fresco
- 4 colheres (sopa) de açúcar de confeiteiro

Modo de fazer

Creme *chantilly*:

1 Misture o creme de leite fresco com o açúcar.

2 Bata na batedeira por 5 minutos, até que comece a engrossar.

3 Desligue a batedeira e, com uma colher, acrescente o creme até engrossar.

4 Sirva a seguir ou conserve pronto na geladeira por algumas horas.

Montagem:

1 Peneire os ingredientes secos. Junte a manteiga ou margarina e misture. Adicione o leite e amasse levemente.

2 Divida a massa ao meio e faça um círculo com cada metade.

3 Coloque círculo em cima do outro, em uma fôrma grande e funda, untando com manteiga entre eles. Asse em forno com temperatura média por cerca de 25 minutos.

4 Destaque as duas partes ainda quentes e pincele com manteiga ou margarina.

5 Separe alguns morangos para enfeitar e amasse os restantes com açúcar.

6 Recheie com os morangos esmagados e enfeite com *chantilly* e morangos inteiros.

Brownie

Ingredientes

- 180 g de chocolate meio amargo
- 180 g de manteiga sem sal
- 1 e ¾ de xícara (chá) de farinha de trigo
- 6 ovos
- 2 e ½ xícaras (chá) de açúcar
- 2 colheres (chá) de essência de baunilha
- 1 e ½ xícara (chá) de nozes picadas
- Sal

Modo de fazer

1 Unte uma assadeira de 25 cm x 40 cm com um pouco de manteiga, coloque um pouco de farinha e chacoalhe bem para que a fôrma fique bem enfarinhada.

2 Derreta a manteiga e o chocolate em uma panela em banho-maria. Bata os ovos na batedeira até estarem bem claros e espumosos, acrescente o açúcar aos poucos e continue batendo até que os ovos estejam bem firmes.

3 Passe a farinha de trigo e o sal em uma peneira. Preaqueça o forno em temperatura média. Misture o chocolate e manteiga com a baunilha, coloque os ovos batidos, misturando bem devagar, acrescente a farinha de trigo e misture sem bater muito a massa. Coloque as nozes picadas.

4 Despeje a massa na assadeira e asse por 30 minutos. Deixe esfriar e corte em quadrados. Você pode servir com sorvete de creme.

Sorvete de Limão

Ingredientes

- 1 xícara (chá) de suco de limão
- 2 xícaras (chá) de açúcar
- 2 xícaras (chá) de água

Modo de fazer

1 Coloque o açúcar e a água em uma panela. Leve ao fogo e cozinhe até que o açúcar esteja dissolvido.

2 Retire do fogo e deixe esfriar completamente. Acrescente o suco de limão. Misture bem e leve à geladeira para que a mistura fique bem gelada.

3 Coloque na máquina elétrica para sorvetes e processe conforme as instruções do fabricante. Caso não possua o aparelho, coloque a mistura em forminhas de gelo e leve ao congelador.

4 Quando estiver congelada, bata no liquidificador para obter a textura de gelo triturado. Coloque em uma tigela e leve novamente ao congelador. Deixe a mistura firmar e sirva em taças.

Pudim Italiano

Ingredientes

- 3 copos de leite
- 5 ovos
- 5 colheres (sopa) de açúcar
- 5 colheres (sopa) de farinha de trigo
- 5 colheres (sopa) de queijo minas duro ralado
- 1 colher (sopa) de manteiga
- 1 pitada de sal

Modo de fazer

1 Bata as claras em neve e reserve.

2 Bata as gemas com o açúcar e acrescente a farinha de trigo peneirada, o queijo ralado, o sal, a manteiga e o leite. Misture bem e adicione as claras em neve, mexendo até obter uma mistura homogênea.

3 Despeje em uma fôrma funda, forrada com caramelo, e leve ao forno em banho-maria (a água deve estar fervendo e a fôrma tampada, para que o pudim não fique muito tostado em cima).

4 Tire a tampa aproximadamente 15 minutos antes de o pudim ficar pronto para que ele doure um pouco. (Para saber se o pudim está pronto, espete um palito no centro dele: se o palito sair enxuto, está cozido.)

5 Depois de frio, desenforme o pudim, virando-o sobre um prato.

Créditos das Imagens

pg. 8 - Shutterstock/ zabavina
pg. 10 - Shutterstock/ Antonmaria Galante
pg. 13 - Shutterstock/ jutia
pg. 14 - Shutterstock/ lsantilli
pg. 17 - Shutterstock/ Paul_Brighton
pg. 18 - Shutterstock/ anquiam
pg. 20 - Shutterstock/ Zhemchuzhina
pg. 22 - Shutterstock/ Shout It Out Design
pg. 25 - Shutterstock/ al1962
pg. 26 - Shutterstock/ koss13
pg. 29 - Shutterstock/ HLPhoto
pg. 30 - Shutterstock/ trindade51
pg. 33 - Shutterstock/ Dani Vincek
pg. 34 - Shutterstock/ koss13
pg. 37 - Shutterstock/ Claire Fraser Photography
pg. 38 - Shutterstock/ pixshots
pg. 41 - Shutterstock/ travellight
pg. 42 - Shutterstock/ Food1
pg. 45 - Shutterstock/ MaraZe
pg. 46 - Shutterstock/ Lesya Dolyuk
pg. 49 - Shutterstock/ Bochkarev Photography
pg. 50 - Shutterstock/ Brent Hofacker
pg. 52 - Shutterstock/ Solveig
pg. 54 - Shutterstock/ SmudgeChris
pg. 57 - Shutterstock/ aoo3771
pg. 58 - Shutterstock/ Barbara Neveu
pg. 61 - Shutterstock/ unpict
pg. 62 - Shutterstock/ Windbreak
renda - Shutterstock/ Acter